SPOT

LOS SENTIMIENTOS

LA FELICIDAD

por Alissa Thielges

amicus LEARNING

bailar

abrazar

Busca estas palabras e imágenes mientras lees.

sonreír

reírse

La felicidad es un sentimiento.
Significa que te sientes bien.

reírse

Maddie está feliz.
Se ríe de un chiste.

bailar

Joey está entusiasmado.

Se pone a bailar.

Está feliz.

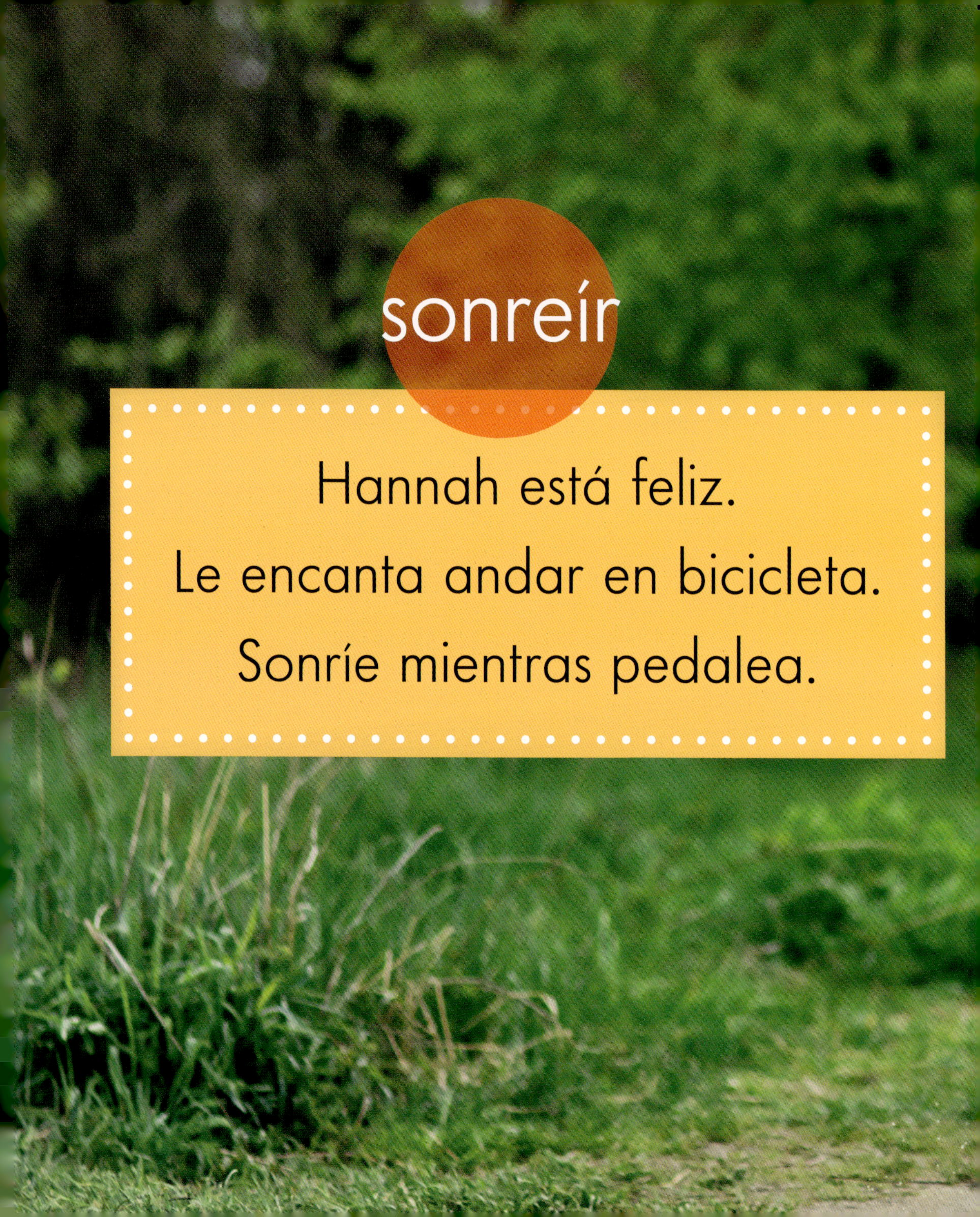

sonreír

Hannah está feliz.
Le encanta andar en bicicleta.
Sonríe mientras pedalea.

abrazar

Carl está muy feliz.
Su amigo está aquí.
Se abrazan.

Las personas felices suelen sentirse agradecidas. Dicen palabras amables. Entonces los demás también se sienten felices.

Compartir ayuda a que otros se sientan felices.

¿Qué te hace feliz?

bailar

abrazar

¿Lo encontraste?

sonreír

reírse

Publicado por Amicus Learning, un sello de Amicus
P.O. Box 227, Mankato, MN 56002
www.amicuspublishing.us

Library of Congress Cataloging-in-Publication Data
Names: Thielges, Alissa, 1995- author.
Title: La felicidad / by Alissa Thielges.
Other titles: Happy. Spanish
Description: Mankato, MN : Amicus Learning, an imprint of Amicus, [2025] | Series: Los sentimientos | Audience: Ages 4-7 | Audience: Grades K-1 | Summary: "What makes kids feel happy? Translated into North American Spanish, encourage social-emotional learning with this beginning reader that introduces vocabulary for discussing feelings of happiness with an engaging search-and-find feature"— Provided by publisher.
Identifiers: LCCN 2024021956 (print) | LCCN 2024021957 (ebook) | ISBN 9798892002745 (library binding) | ISBN 9798892002806 (paperback) | ISBN 9798892002868 (ebook)
Subjects: LCSH: Happiness in children—Juvenile literature. | Happiness—Juvenile literature.
Classification: LCC BF723.H37 T4418 2025 (print) | LCC BF723.H37 (ebook) | DDC 155.4/1242—dc23/eng/20240628
LC record available at https://lccn.loc.gov/2024021956
LC ebook record available at https://lccn.loc.gov/2024021957

Impreso en China

Ana Brauer, editora
Deb Miner, diseñador de la serie
Kim Pfeffer, diseñador de libro y investigación fotográfica

Créditos de Imágenes: Getty Images/1shot Production, 1, Imgorthand, 8–9, kali9, 12–13; Shutterstock/mimagephotography, cover, PeopleImages.com - Yuri A, 10–11, Pixel-Shot, 6–7, Q88, 3, WBMUL, 14; Stocksy/Santi Nuñez, 4–5